Udo Robert Riegger

Keine Angst vor großen Tieren

- tierisch -

AF140570

Bibliographische Information der Deutschen Nationalbibliothek:
Die Deutsche Nationalbibliothek verzeichnet diese Publikation in der Deutschen Nationalbibliografie; detaillierte bibliografische Daten sind im Internet über http://dnb.dnb.de abrufbar.

Herstellung und Verlag
BoD – Books on Demand, Norderstedt

ISBN: 978-3-7357-5843-9

Der Autor:

„Das reale Leben hat die Satire längst schon überholt.“

Sein Weg ist sein Ziel. Und als er sich darauf begab, war ihm das nicht bewusst. Udo Robert Riegger, Jahrgang 1958, seine Interessen und Vielseitigkeit brachten ihn beruflich zum Maschinenbaumeister, Elektrotechniker, Betriebswirt, Ergotherapeuten und in die freiberufliche Gesundheitsberatung und privat u.a. bis ans Ende (nein, eigentlich bis an den Anfang) dieser Welt. Beruflich wie privat kreuzen Menschen aller Couleur seinen Weg und hinterlassen Eindrücke, die ihn zu menschlichen, politischen und tierischen Texten inspirieren.

„Ich schreibe, weil es mir Spaß macht und etwas in meinem Inneren mich dazu auffordert. Formulierungen über Zusammenhänge, Begebenheiten, Erfahrungen oder Empfindungen entwickeln sich in mir und machen einfach Laune. Insbesondere, wenn die Muse mich völlig überraschend küsst. Das kann am helllichten Tage oder in tiefschwarzer Nacht sein. Nicht selten lese ich dann erstaunt das, was sich vor mir auf dem Papier zusammen gefunden hat. Jedes Mal aber löst es eine innere Zufriedenheit aus und das sichere Gefühl, dass es richtig ist.“

Keine Angst vor großen Tieren

- tierisch -

Tier im Mensch und umgekehrt

entdecken Sie beider Charaktere

in

- tierisch -

von

Udo Robert Riegger

**Das Lachen als Muntermacher –
Das Nachdenken als Mutmacher**

Widmung

Für die Lebensfreude

Inhalt

	Seite
Lachsen	8
Meierei	13
Friedenstaube	17
Mörderisch	20
Die Kröte	25
Schnakenplatt	28
Schnakenzeit	32
Tierische Rache	39
Vogelfang	45
Der Hahn	47
Das Huhn	53

Inhalt

Seite

Der Igel   59

Der Biber   60

Der Frosch   65

Ascheechsen   68

Der Späher   70

Der Wurm   72

Die Amsel   79

Die Kuh   81

Die Meise   85

Die Jagd   89

Für Dich   93

Lachsen

Der Bär

ist frischen Mutes

denkt er beim Fischen

an nur Gutes

steht stark und sicher

in den Fluten

muss nur noch warten

auf die Guten

und durch das kühle Wasser

schnellt

wie gewachst

ein großer roter leck´rer Lachs

scheint nur noch

einen Wunsch er hätte

will zurück an Laichesstätte

der Bär

reißt´s Maul auf

ist sich sicher

denkt

geil

ich bin der größte Fischer

hab Tonnen schon gefressen

von diesen köstlich´ Delikatessen

so steht er da

mit Stolz und Macht

überzeugt

dass er

dem Lachs

den Garaus macht

und reißt noch weiter auf

den blutverschmierten Schlund

zeigt scharfe Zähne

zwischen denen bunt

die Reste

eines Lachses hängen

der schon verendete

in seinen Fängen

jetzt kommt der nächste Lachs

patschnass

der Bär staunt

überwältigt krass

ein wirklich seltenst Exemplar

das Bär

nur selten findet gar

er freut sich glucksend

kommt in Rausch

durch Vorfreude

auf diesen Gaumenschmaus

verdreht die Augen

ist glückselig

der Geifer

aus dem Maul ihm tropft

ganz ölig

hat etwas

von ´nem Deppen

wie er da steht

bereits genießt

dass ihm der Lachs

ins Maule schießt

doch der

hat Geist

und nicht nur Tran

verändert flugs noch

seine Bahn

und

fliegt vorbei

am schaurig Maule

blickt selbstbewusst

dem Bär ins Auge

macht über seinem Kopf nur Possen

und schiebt aus einer seiner Flossen

kaum zu glauben

was für´n Dinger

cool lächelnd

einen Mittelfinger

***

Meierei

Der Hase und der Geier

die hießen beide Meier

doch unterschiedlicher

im Nachhinein

könnt ihr charakterlich´ Gemüt

nicht sein

der Hase

der so unverdrossen

hat Möhre und Salat genossen

kam eines Tages mit viel Schreck

ins Dorfgefängnis weg vom Fleck

der Geier

der mit Argwohn sah

was mit dem Hasen da geschah

hielt sich zurück

obwohl er wusste

und das ist ungeheuer

dass

die Schuld traf hier

den falschen Meier

war´s er doch selbst

der´m Bäcker Meier

gestohlen hat die frischen Eier

auf seiner Flucht dann

mit Angst geschreckt

den Hasen hatte aufgeweckt

der wiederum in vollem Gange

sich in der Wäscheleine hat verfange´

in die die Frau vom Metzger Meier

vornüber fiel und auf den Reiher

der Reiher

der nicht Meier hieß

sah nur den Hasen

wie der davonstieß

so kam es dann

wie´s kommen musste

weil

in diesem Wirrwarr

niemand

nichts mehr richtig wusste

und obwohl *ihn*

keine Schuld dürft´ treffen

doch Geier Meier

nur zu gut konnt´ bluffen

spürt der Hase Meier nun

mit furchtbar Angst und Pein

er kommt jetzt

in die Pfanne rein

und die Moral von der Geschicht

tauf deinen Hasen Meier nicht

oder besser noch

willst nicht

dass

zu früh untergeht dein Stern

dann halte dich von Geiern fern

***

Friedenstaube

Jede Taube

die neugeboren

bekommt als erstes in die Ohren

den Glauben

dass sie

durch ihre schöne Fliegerei

beim Menschen

die hochverehrte Friedenstaube sei

so wundert es nicht

dass sie in Scharen

auf die Gesellschaft

der Menschen beharren

und fliegen in Schwärmen

und großer Freude

auf des Menschen Plätze und Gebäude

der Mensch jedoch

der diese *eine* weiße Taube

nur in Verbindung bringt

mit seinem Glaube

und

weil dieser Glaube

beim Menschen oft schwindet

und nur an bestimmten Tagen

Aufmerksamkeit findet

sind alle Tauben

entgegen dem Gleichnis

für den Menschen

nur verschissenes Ärgernis

so fiel

von Schrotkugeln

durchsiebt

unter vielen

auch die

eine

blütenweiße Taube

von der Gaube

und von ihr ab

der Glaube

***

Mörderisch

Die Fliege

leis´ zum Kater fliegt

der dösend

an seinem Fressnapf liegt

dort setzt sie sich

an den Rand zum Schmause

doch wird sie beobachtet

von einem Katzenauge

der Kater weiß

mit einem Sprung

könnt´ er die Flieg´ erlegen

hintenrum

und sicher

ist er sich dann doch

dieser Aufwand

lohnt sich weder noch

so bleibt er liegen

gemütlich satt

sich bewusst

dass *er*

den Vorteil hat

die Fliege

versorgt sich

mit allen Freiheiten

genießt das Feste

und die Flüssigkeiten

putzt sich genüsslich

vor der Katze

spaziert herum

ganz ohne Hatze

fliegt hoch

der Kater denkt

das war´s

doch landet die Fliege

auf seiner Nas´

der Kater erschreckt

und langt gleich zu

vorbei ist´s nun mit satter Ruh´

doch bis die Tatze

an der Nase

fliegt die Fliege schon empor

und setzt sich

in das Katzenohr

das elektrisiert den Kater

bis in die Hoden

er trommelt drauf

mit seinen Pfoten

zu spät erkennt er

und mit Schmerzen

die Flieg´

verarscht ihn hier

von Herzen

er schlägt noch schneller zu

und härter

trifft sich selbst am Kopf

wie ein Berserker

doch die Fliege

samtig weich wie Flor

sitzt kribbelig

im andern Ohr

bucklig

wie ein Wildpferd dann

springt der Kater

so hoch er nur kann

das macht der Fliege gar nichts aus

sie ist bereits

zurück im Haus

die Katze

langsam sich beruhigt

doch

wünscht sie sich

sie hätt´ getan

den Mord

den sie im Vorfeld hat vertan

***

Die Kröte

Eine Kröte

wollte wandern

von einem Straßenrand

zum andern

doch

auf der Straße

welch ein Graus

kam ein Auto angerauscht

die Kröte

schaltet hoch ´nen Gang

doch wurde sie des Autos Fang

zerquetscht

inmitten auf der Straße

entweichen ihr die letzten Gase

Ameisen

mit besonderen Antennen

scharenweise

auf die Fahrbahn rennen

zerren

reißen

und zerkleinern

der Kröte Teile

mit scharfen Beißern

und Huckepack

den Gaumenraube

machen sie sich aus dem Staube

bilden eine Straße

zur Straße quer

und rennen

hinter ihren Nasen her

bis sie erreichen

die andere Seite bei ihrer Meute

um nochmals zu teilen

ihre Beute

was bleibt

ist nur noch ein Gedanke

der Wunsch der Kröte nun

zu wandern

von einem Straßenrand zum andern

kam

- wohl bemerkt am Rande -

nun doch zu Stande

***

Schnakenplatt

Es gibt Momente

und man flucht

wie eine Piratenkrake

verdammt

schon wieder

eine Schnake

die Schnake

frech und dreist

sehr gerne

vom Blut

des Menschen speist

fliegt leicht behände

mit leisem Gesumm

nahe

menschlicher Haut herum

schnell

findet sie ´ne Stelle

ohne Hatz

und nimmt gemütlich

darauf Platz

bohrt mit

chirurgischer Genauigkeit

ihren Rüssel

bis in die rote leck´re Flüssigkeit

zieht schnell heraus

ihren Ablassschlauch

wenn sie prall gefüllt hat

ihren Bauch

jetzt kommt´s

auf schnelle Reaktionen an

denn

der Gestochene

merkt

was sie getan

die Schnake

vom Genuss noch süchtig

vergisst

dass

sie sollte sein schon flüchtig

zu spät

erkennt sie

den Schatten der Hand

die auf sie zu kommt wie ´ne Wand

blieb bis zum Schluss

ihr noch gewahr

ihr letzter Gedanke

wie lecker doch

der Nektar war

am Ende

ist das Blut geronnen

und die Schnake ist zwar platt

der Mensch

doch ziemlich was zu Kratzen hat

***

Schnakenzeit

Im ersten Moment

man denkt

- und flucht *nicht* wie eine Piratenkrake -

der Mensch

müsst klüger sein

als eine Schnake

doch wenn sie kommen

die sommerlichen Tage

der Mensch

auf keinen Fall

ist Herr der Lage

er schmiert und sprüht sich ein

gar heftig

riecht dann zwar unangenehm

dafür aber deftig

die Schnaken

kommen und sie gehen

der Mensch ist stolz auf sich

jetzt

zu verstehen

wie sie *doch* abzuwenden sind

bis die Schnake

die schlaue und kluge

auf ihrem Vorbeifluge

sich besinnt

dass

sie den Geruch von Blut

zwar nicht vernommen

doch gesehene Silhouette

und gehörtes Gequatsche

dem Menschen

sehr sehr nahe kommen

also

zurück mit vollem Gase

und hoch sensibel

eingestellter Nase

im Tiefflug

auf die erste freie Stelle

den Rüssel

fein ins Fleisch hinein

bis an die Quelle

das Blut im Bauch

den Rüssel raus

und weg in aller Schnelle

durch das viele Schmieren

und Sprühen

etwas taub

ist des Menschen

oberflächlich Haut

deren Sensoren

nehmen zu spät wahr

die drohende Gefahr

und hunderte von Sticheleien

die empfindsame Haut aufsuchend

wird diese

zum schmerzenden Streuselkuchen

die Schnaken finden´s toll

und hau´n sich ihre Bäuche voll

fliegen auch

ganz ungeniert

an bereits gestochene Stellen

um nochmals anzuzapfen

dieselben Quellen

der Mensch

jetzt rasend um sich schlägt

weil

keinen weiteren Stich

er mehr erträgt

verflucht

das Sprühen und Geschmiere

will nur noch weg

von dem Getiere

rennt hier hin da hin

und noch weiter

stolpert

über eine Leiter

fällt zu Boden

fängt jetzt erst richtig an zu toben

doch die Schnaken

stört das alles nicht

sie setzen weiter

Stich an Stich

so stürzt der Mensch

noch mit viel Glück

vorbei

an einem Mauerstück

er taumelt

mit den Armen rudernd

sucht Schutz

im Hause seines Bruders

stürzt fast erblindet

in dessen Schlafgemach

und überrascht den nackten Bruder

beim rhythmischen Stechen

seiner Frau

diesem Luder

der innen und außen nun Zerstochene

empfangend

nur noch Schmerzlichkeit

denkt

was für ´ne beschissene Schnakenzeit

***

Tierische Rache

Die Fliege und der Chemiker
die mochten sich eher weniger

der Chemiker nervös studiert
giftige Mixturen potenziert
im Willen
diesen Mix zu detaillieren
kann er sich nicht konzentrieren

weil eine Fliege summt herum
sie brummt und summt
und summt und brummt

mit der Fliegenklatsche
glaubt er sie zu kriegen
er trifft sie auch
und sie bleibt liegen

er widmet sich dem Studium nieder

bemerkt erst später

die Fliege wieder

noch ganz benommen

unterm Dache

schwört die Fliege

sich jetzt Rache

und wieder summt sie

brummt und summt

um des Chemikers Ohren

herum

er winkt sie weg

ist zu beschäftigt

fühlt sich der Lösung nah bekräftigt

die Fliege

setzt sich auf die kahle Stirn

der Kitzel steigt ihm bis ins Hirn

sein Auge zuckt

er schlägt sich auf die Glatze

erschreckt

springt in der Ecke auf die Katze

macht einen Buckel

dehnt sich lang

und denkt

nichts

die Fliege unterdessen

fliegt dem Chemiker ins Gesicht

der muss sie abwehren

immerdar

fühlt sich seiner Mixtur nah

gibt noch giftigere Substanzen zu

und die Fliege fliegt

fliegt ohne Ruh´

sie ist so dreist

und setzt sich nieder

auf des Chemikers Augenlider

der blinzelt und verschüttet gar

was ihm bis jetzt so kostbar war

sie setzt sich auf die Armbehaarung

wird verjagt

durch übelriechende Atmung

wird vertrieben

und schwirrt hoch

setzt sich unters Nasenloch

der irre Reiz der Nasenwand

geht mit ´nem Tobsuchtsanfall

Hand in Hand

der Chemiker

sich nichts mehr traut

fühlt innen wie außen

nur noch Gänsehaut

schon reizt sie wieder

seine Öhrchen

fliegt nahe

über gefährlich gift´ge Röhrchen

er schlägt zu

verfehlt sie knapp

und sieht

mit müden Augen schlapp

Substanzen aus zerbroch´nem Glase

zischend sich vermischend

und hochsteigend

als giftige Gase in seine Nase

und per Überraschung

jetzt perplex

stellt der Chemiker staunend fest

jetzt - stimmt die Mischung - jetzt

dreht halb

sich ein Mal nur herum

fällt auf den Boden

tot und stumm

***

Vogelfang

Der Vogelfang

in manchen Ländern

lässt sich nicht verändern

dieses bittere Erkennen

mussten die Vögel nun

ihr Leben nennen

doch

wie bei vielen Lebewesen

ist´s auch hier

der Zorn gewesen

dass

viele Vogelarten

sich scharten

in den Bäumen saßen

wartend

bis dass

die Vogelfänger kamen

mit ihren Fängen, Netzen

und ehernen Rahmen

geduldig ruhig

blieb die rauschende Schar

am Boden

rührte sich kein Haar

doch plötzlich

gemeinsam

und nie einiger

flogen Abertausende

gegen ihre Peiniger

schissen sie zu

und

jetzt ist Ruh´

***

Der Hahn

Ein junges Huhn

anmutig schön

mit farbenfrohen Federn

hüpft, flattert, läuft und rennt

über harte und weiche Erden

um bloß nicht

vom Hahn begattet zu werden

es verzichtet gar auf manches Korn

muss im Stall beobachten

den Hahn

von hinten und von vorn

so bleibt es rank, schlank und gesund

dass dem Hahn immer mehr

das Wasser zusammenläuft im Mund

er denkt nach

und fühlt sich überlegen

weil er ihr

Geschenke könnte geben

um so das Hühnchen zu bewegen

sich mit ihm zu wälzen

oder niederzulegen

doch

der jungen Henne Vorhaben

sind andere

als des Hahnes Vorgaben

drum lehnt sie ab

seine Werbungsgaben

so geht es tagein tagaus

hinein in die Nächtigkeiten

bis der Hahn

unerträglich gekränkt

in seinen Eitelkeiten

auch

seinem stolzen Hahnenkamm

sieht man seinen Gram schon an

und

bei den anderen Hennen

ob sie nun stehen oder rennen

gefiedert oder blank sich nennen

spricht sich gackernd

spöttisch schnell herum

dass

die Männlichkeit vom Hahn

gar nicht mehr so kaahan

(letzte Zeile ruhig mit spöttischem Singsang)

so liegt eines Morgens

der Hahn tot am Boden

und es zucken

nicht mal mehr seine Zotten

den Schnabel

weit weit aufgerissen

der Gesichtsausdruck verbissen

in den Augen

den Überraschungsschreck

hängt rot seine Zunge

in den Hühnerdreck

alle Hühner

im Schock noch stecken

mit weit aufgerissenen Augen

sie ihre Köpfe und Hälse

nur noch steif

nach vorne recken

das junge Hühnchen doch

von echtem Mitgefühl gepackt

am Leichnam des Hahnes

zusammensackt

und für einen Moment

ihre Vorsicht vergisst

in dem

der Hahn

seinen Hahnenmast hisst

plötzlich aufspringt

unversehrt

und überzeugt

dass

er der Schönen nun beschert

mit triumphierendem Hahngeschrei

etwas anderes

als ein Frühstücksei

***

Das Huhn

Das neugeboren junge Huhn
wird täglich gewarnt
von seiner schönen Mutter nun
denn
in den hinterlistigen Hahnenfallen
soll *ihr* Kind
sich nicht verfangen

so erzieht die anmutige Henne
ihr Kleines
zum Hüpfen, Flattern, Laufen
und zum Rennen

der Hahn
natürlich
fühlt sich mehr noch überlegen
und glaubt sich in großem Glück

nach seinem

wie *er* denkt

glamourösen Meisterstück

drum denkt er

in seiner grenzenlosen Eitelkeit

nicht an die geringste Schwierigkeit

als das junge schöne Hühnchen

ihm ihre Reize zeigt

die sinnlichen

sich ihm öffnet

auf der Mauerzinne

und dies

nah ihn bringt

um seine Sinne

geschmeidig locker

bringt er sich in Stellung

glückselig

dass dies Hühnchen

jetzt

bereit für seine Schwellung

denkt

ich bin der Größte

in den Gehegen

legt an

fixiert

sticht zu

mit seinem Degen

und

erwartet genießend

wohltuenden Segen

doch hart wie eine Wand

donnert´s ihm entgegen

ein Schmerz

durchdringt ihn

wie glühendes Feuer

er glaubt

sein bestes Stück

in Händen

von ´nem Ungeheuer

betäubt vom Schmerz

in seinen Lenden

schafft er´s nicht

sich umzuwenden

fällt in Schmerzen

wie von Sinnen

sich mehrmals überschlagend

von den Mauerzinnen

und obwohl

sein Degen ohne Knochen

ist er nun gebrochen

fällt vornüber

den Kopf noch hoch

doch auf das Kinn

und seine Augen

starren

auf das so begehrte Hinterteil

des Hühnchens hin

wo die Schöne hat mit Tricks

sich hinten rein getan

ein Ei aus Gips

so lädiert

wird der Hahn nun ausgesondert

manch Henne

freut dies nicht besonders

was soll´n sie tun

den lieben langen Tag

verschmäht

weil kein Hahn mehr

nach ihnen kräht

***

Der Igel

Stachelig

wie wir ihn kennen

fing ein Igel an zu rennen

was war passiert was war denn los

in seinen Augen die Panik groß

hinter ihm die Bienen dicht

hat sie wohl verärgert

der Wicht

***

Der Biber

Der Biber

der ein Fisch wollt´ sein

springt munter in den Teich hinein

er taucht zum Grunde

fühlt sich echt

will Freundschaft schließen

mit ´nem Hecht

der Hecht

doch ziemlich harsch

droht ihm

mit ´nem Tritt in Arsch

drauf sucht der Biber

die Freundschaft mit dem Barsch

der Barsch

hat grad´ zu tun mit mampfen

und schickt ihn weiter zu ´nem Karpfen

der Karpfen

sich grad´ suhlt im Grase

schickt ihn rüber zu der Brasse

die Brasse

keine Freundschaft will

lässt ihm auch keine Wahl

so kommt der Biber zu ´nem Aal

der Aal

empfindet ihn als Qual

und jagt ihn weg

zum Hort der Quallen

die finden an dem Biber

schon eher Gefallen

dem Biber

wird´s zu brenzlig dort

er macht sich auf

und schwimmt schnell fort

da trifft er

einen Schwarm Forellen

schwimmt friedlich mit

zu ihren Quellen

bis plötzlich

der ganze Schwarm erschreckt

im Dunkeln

lauerte der Hecht

und biss dem Biber

ins Gemächt hinein

da wollt´ der Biber

doch kein Fisch mehr sein

er tauchte auf

zu seinesgleichen

die hatten in vermisst

ein Weilchen

glückselig war er nun

und musste

nicht mehr fischig tun

insofern

tat der Biss vom Hecht

ihm nicht nur schlecht

nun sieht er ein

die Artentrennung

hat Sinn und Zweck

für jede Nennung

denn

bevor er den Hecht

nochmals am Gemächt

ist dem Biber

das

so lieber

***

Der Frosch

Der Frosch

zählt zu den

unbeliebteren Zeitgenossen

weil er

von Kopf bis Fuß

in Schleim gegossen

siehst du ihn sitzen

vor seinem Haus

erschrick bloß nicht

es ist keine Inkarnation

von Franz Josef Strauß

doch wie der damals

und heute viele Politiker-Bosse

wird auch der Frosch oft

betitelt als Ochse

er schlürft

tagaus tagein

jede Menge Fliegen rein

in seinen schleimenden Schlund

dabei

ist´s ihm egal

ob sie farblos oder bunt

kann täglich genießen

mit Geschmatze und Gesauge

weil seine klebrige Zunge

schnalzt jeder Fliege

glatt auf´s Auge

an manchen Tagen

scheint er

gelangweilt da zu sitzen

satt

auf dem von ihm

verschleimten Lotusblatt

in lauen Sommernächten

nicht gerade als Ohrenschmaus

glaubt er

als Sänger zeichne er sich aus

und obwohl

seine Geräusche vorgetragen

ohne Hänger

bleibt er

zwar meisterlich

aber eben nur

als Rotzefänger

***

Ascheechsen

Den Echsen

war´s gar nicht zum Relaxen

die Luft

die brachte sie zum ächzen

längst war die Sonne verschwunden

weg

weiter zu erstarren

in gewohnter Manier

hatte also keinen Zweck

was sollten sie machen

was war zu tun

die Natur schrieb ihnen vor

sich auszuruh´n

so harrten sie aus

vertrauten schon blind

und als das grelle Licht verblasste

den Grund dafür der Himmel hasste

schienen sie noch

grazil und schlüpfrig

doch als

ein dampfend wölbender Pils

sich vor den Horizont schob

größer denn je ein Fels

war von den Echsen

nur noch Asche übrig

***

Der Späher

Im Dunkeln

sie sich stets nur zanken

wer als Späher

sollte als erster ranken

niemand will

ins Unbekannte rein

es könnte noch

bitter kalter Winter sein

das hieße ja doch

im Nachhinein

der Späher

würde bald erfroren sein

doch für einen

kam es nah und näher

er war

der auserwählte Späher

langsam

drückt er sich empor

die harte Kruste streift sein Ohr

empfangen wird er mit warmem Licht

der Frühling ist schon da

er glaubt es nicht

Angst und Zweifel

sich von ihm ablösend

fängt er an

zufrieden in der Sonne zu dösen

nie war er glücklicher

als Löwenzahn und Späher

bis er da kam

der Rasenmäher

***

Der Wurm

Ein Wurm

der träumte einst mit Frönen

vom Laufen, Rennen

und vom Fliegen können

doch

musste er sich krümmend bewegen

der Kleine

über Stock und über Steine

hatte weder Arme noch Beine

schaute sehnsüchtig empor

zum Turm

und wusst´

da kommt er niemals rauf

als Wurm

er kriecht mal hier

und da mal hin

macht in der Erd´

am meisten Sinn

doch glauben

will er selbst das nicht

sein Leben lang

ist er erpicht

sich zu bewegen

im hellen Licht

die frische Luft zu spüren

im Gesicht

nicht unten auf dem Boden kriechen

und morsche Rinde

faule Moose riechen

doch eines Tages

äußerst selten

kamen Mächte

aus fremden Welten

nahmen den Wurm

aus seinem müffeligen Haufen

und fingen an

auf weichem Grund

mit ihm zu laufen

nach einer Weile fingen sie an

mit ihm zu rennen

der Grund wurd´ härter

man könnte ihn auch

Treppen nennen

am Rande einer Turmbrüstung

denkt der Wurm

noch voll Bewunderung

dass er´s geschafft hat

hier zu landen

und nicht dort unten

zu versanden

doch plötzlich

wird er stark geschüttelt

von einem Beben

durchgerüttelt

zu guter Letzt

der Wurm entdeckt

worin er eigentlich gesteckt

hoch auf der Brüstung liegend

und im Dreck

wird ihm bewusst

und das mit Schreck

dass

das Wohl der fremden Mächte

nicht nach seinem Wille

er steckte lediglich

in einer Schuhsohlenrille

nun mit der Säuberung

er auf der Brüstung liegt

freut sich

dass er diese Aussicht kriegt

freut´ sich

dass sein Traum gesiegt

bevor er dann

über den Rand rausfliegt

doch

während seinem Flug

im hellen Licht

ziert ein breites Grinsen

sein Gesicht

die frische Luft

die tut ihm gut

und schwinden

mag auch nicht sein Mut

egal

wie lang der Sturz mög´ dauern

der Wurm fühlt niemals

nie Bedauern

nach diesem Abenteuer

diesem Glück

findet er leicht und gern

in seine Bestimmung zurück

***

Die Amsel

Eine Amsel

wünscht sich ungeduldig sehr

das bald ihr erster Frühling wär

und

wie durch geisterhafte Hände

kam tatsächlich

über Nacht die Wende

die Amsel freut sich

putzt sich raus

bringt sich in Schönheit

in Ordnung ihr Haus

hält Ausschau

nach ihrem Amselstar

stellt sich alles vor

ganz wunderbar

und während sie

auf einem Aste

sehnsüchtig

vor sich hin so schwelgt

sie eine Katze überfällt

hätt´ die Amsel das gewusst

dass für sie

der Frühling nur so kurz

dann hätte sie wahrlich ungelogen

noch ein bisschen Winter vorgezogen

**

Die Kuh

Niedergeschmettert

gedemütigt

müde

und ohne Ruh´

kam ich zum Rande einer Weide

und sah zur Kuh

Sonnengewärmt

unter den Himmels Bläuen

musst sie in *ihrer* Ruh´

nur wiederkäuen

was würd´ ich geben

für den Tausch

von unseren Ruhen

um friedlich dazustehen

und zu Muhen

lief hadernd

auf und ab im Nu

die Kuh

sah mir bei alledem nur zu

war ihr Gesichtsausdruck

mir nicht geheuer

fing ich in ihren Augen

doch seltsam Feuer

so sahen wir uns an

von Frau zu Frau

etwas mau

war mir nicht sicher

und dachte fragend

weil ich fühlte ihren Bann

ob sie mich gar durchschauen kann

mit ihren sanften

runden Augen

fing sie an

mir meine Unsicherheiten

auszusaugen

langsam entwichen

Übelkeit und Verzagen

aus meinem Magen

- wie ? -

das kann ich dir

beim besten Willen nicht sagen

gebannt und durchdrungen

von diesen ruhigen dunklen Augen

ließen wärmende Gefühle

mich an Hoffnung glauben

hell wach

und wundersam berührt

nahm ich Abschied von diesem Tier

das mich erinnert hat an meine Stärken

und dass nichts und niemand

das Recht hat mich zu kränken

so wurd durch sie

mir klar

in voller Breite

dass ich *ihn*

nicht mehr reite

und *ihn* schicke

in ferne Weite

diesen Esel

an meiner Seite

***

Die Meise

Eine junge Meise ging auf Reise

bereit

weltgewandt und aufgeschlossen

Freundschaften einzugehen

auch mit anderen Artgenossen

so flog sie frühmorgens

der Sonne entgegen

vor Aufregung spürte sie

ihr Herzlein beben

gespannt

auf all die Abenteuer

die sie empfingen

fing die Meise an

schöner denn je gehört

zu singen

quirlig flog sie frohen Mutes

und fühlte nur noch Gutes

sie flog

mit offenem Herzen gerne

in die verheißungsvolle Ferne

dort sah sie

in schimmernd glänzendem Licht

eine Schar von Vögeln

dicht an dicht

noch kräftiger

wird ihr Flügelschlag

soll schnell sie näher bringen

ihren neuen Freunden

an diesem wunderbaren Tag

trotz schnellem Flug

sie in den höchsten Tönen singt

doch plötzlich

ein dumpfer Klang

in ihr Gehirn eindringt

benommen

sie am Boden liegt

allmählich

Sinn und Geist

zusammenkriegt

erkennt sie wieder Schwalben

Möwen und auch die Spatzen

die jetzt jedoch

an hoher gläserner Front

dranhaften

und auf den zweiten Blick

die Wut

jetzt in ihr bebt

da sie erkennt

die Vögel sind nur aufgeklebt

taumelnd noch

mit Schmerzen im Kopf

denkt die junge Meise

Schschscheiben!?!

na schön

dann

flieg ich eben weiter

***

Die Jagd

Zwei Jäger

schon seit vielen Jahren

aus Eifersucht

sich liegen in den Haaren

erfahren auf der Pirsch

von einem kapitalen Hirsch

getrieben

von blindem Eifer nur

nimmt jeder heimlich auf die Spur

sitzend für sich

in nasser Kälte

denkt jeder stur und eingenommen

an seinen Sieg

in Bälde

der Morgentau

ist am verdampfen

manch Jägermuskel am verkrampfen

als durch die Nebelschwaden hier

erscheint ein majestätisch´ Tier

die Jäger

legen an zum Schuss

in ihren Köpfen

triumphierender Genuss

um danach dann

mit Arroganz

dem andern vorzuhalten

na

wer kann´s

aus den Läufen

schnellen die Schüsse

verfehlen ihr Ziel doch

durch die Küsse

die sich da geben

Hirsch und Kuh

nachdem die Kuh

gab sich der Hirschbrunst zu

liebend tummeln sie sich

wie sich´s gehört

auf dieser wunderschönen Erd´

entgehen so

durch viel Bewegung

der tödlichen Begrüßung

doch

wo flogen sie hin

die Kugeln der Idioten

schneller noch als Pfeile

trafen sie

in höchster Eile

zwei egoistische Exoten

zunächst

durch edles Hütezwirn

und dann

in jedes Jägerhirn

***

Liebe Leserin
Lieber Leser

Für Dich

Bist du verzagt an manchen Tagen
findest keine Antwort auf Fragen über Fragen

glaubst alles hat doch keinen Sinn
sagt eine Stimme dir wirf dich doch hin

fühlst dich wie aus ´nem Flugzeug fallend
hörst dich selbst auf den Boden knallend

in diesen Momenten diesen schweren
will ich dir, mehr als Trost, Gewissheit bescheren
die ohne mein Zutun kommt aus höheren Sphären

wirf einen Blick auf mein Signum nun
und gib deinen Gedanken danach Zeit zu ruh´n

denn eines morgens als ich erwacht
wusst´ ich dies Kürzel ist dazu gedacht

in Englisch zwar kurz und prägnant
möchte ich´s dir geben an die Hand

egal was andre von dir denken
egal wie sie dein Leben lenken
egal ob sie dich irritieren
egal ob sie dich kritisieren
egal ob sie dich mit Füßen treten
egal ob sie zu Götzen beten
egal ob ihre Lügen lassen dich erbeben
-
You Are Right in diesem Leben!

Danke

für diesen

gemeinsamen Spaziergang

Von Udo Robert Riegger bisher erschienen:

Keine Angst vor großen Tieren - menschlich - 1

Nur auf den Humor ist noch Verlass

ISBN 978-3-7357-6133-1

Keine Angst vor großen Tieren - menschlich - 2

Nur auf den Humor ist noch Verlass

ISBN 978-3-7357-7513-9

Keine Angst vor großen Tieren - politisch - 1

Unsere absurde Politik-Wirklichkeit bekommt ein Gesicht

ISBN 978-3-7357-5752-4

Keine Angst vor großen Tieren - politisch - 2

Unsere absurde Politik-Wirklichkeit bekommt ein Gesicht

ISBN 978-3-7357-7499-6

Keine Angst vor großen Tieren - tierisch - 1

Tier im Mensch und umgekehrt

ISBN 978-3-7357-5843-9

Keine Angst vor großen Tieren - tierisch - 2

Tier im Mensch und umgekehrt

ISBN 978-3-7357-7497-2

Kaleidoskop Mensch 1
Aus dem Leben - Für das Leben

Wahr oder nicht wahr, entscheiden Sie selbst.
Kurzgeschichten.
Jede für sich eine Perle mit faszinierenden Überraschungen
und spannenden Wendungen.

ISBN 978-3-7357-7508-5

Alle Erscheinungen auch als E-Book erhältlich.